Storytelling e vendas: segredos para criar narrativas que convertem

Copyright © 2024 Reginaldo Osnildo
Todos os direitos reservados.

- APRESENTAÇÃO 4
- INTRODUÇÃO AO STORYTELLING EM VENDAS 8
- OS ELEMENTOS DE UMA BOA HISTÓRIA......................12
- CONSTRUINDO PERSONAGENS RELATÁVEIS.................16
- ESTRUTURANDO SUA HISTÓRIA................................20
- DESENVOLVENDO CONFLITOS E CLÍMAX 24
- LINGUAGEM E ESTILO 29
- STORYTELLING VISUAL 33
- NARRATIVAS BASEADAS EM DADOS 37
- APLICANDO STORYTELLING EM APRESENTAÇÕES DE VENDAS 41
- HISTÓRIAS DE SUCESSO DO CLIENTE 45
- EMOÇÃO E PERSUASÃO 49
- USANDO ARQUÉTIPOS 53
- STORYTELLING MULTICANAL 57
- INTERATIVIDADE E ENGAJAMENTO 61
- NARRATIVAS PARA DIFERENTES ESTÁGIOS DO FUNIL DE VENDAS 65
- EVITANDO ARMADILHAS COMUNS NO STORYTELLING 69
- MEDINDO O IMPACTO DO STORYTELLING...................73
- HISTÓRIAS QUE ESCALAM.....................................77
- A ÉTICA DO STORYTELLING 81
- INCORPORANDO FEEDBACK...................................85

STORYTELLING EM NEGOCIAÇÕES 89
TREINAMENTO DE EQUIPE EM STORYTELLING 93
A JORNADA DO HERÓI EM VENDAS 97
FUTURO DO STORYTELLING EM VENDAS 101
CRIANDO UM LEGADO DE HISTÓRIAS 105
REGINALDO OSNILDO 110

APRESENTAÇÃO

É com grande satisfação que lhe apresento este guia, cuidadosamente projetado para transformar sua maneira de comunicar e vender. Neste livro, você descobrirá como o poder do storytelling pode não apenas enriquecer suas habilidades de vendas e marketing, mas também como pode ser uma ferramenta decisiva para conectar, persuadir e converter com mais eficácia.

No ambiente competitivo de hoje, entender e aplicar técnicas de storytelling não é apenas uma habilidade adicional, mas uma necessidade imperativa. As histórias têm o poder de envolver emocionalmente, tornando a sua mensagem não apenas ouvida, mas sentida e lembrada. É aqui que este livro entra, oferecendo-lhe um panorama completo e atualizado sobre como integrar o storytelling nas suas estratégias de vendas.

O QUE VOCÊ PODE ESPERAR DESTE LIVRO?

Este livro é um convite para explorar a arte e a ciência do storytelling aplicado ao contexto de vendas. Cada capítulo foi elaborado pensando em proporcionar a você, não só o conhecimento teórico, mas também prático, com exemplos reais e técnicas aplicáveis. Desde a introdução dos fundamentos até a exploração de técnicas avançadas e inovadoras, você será guiado passo a passo na jornada de se tornar um mestre do storytelling em vendas.

Além de oferecer estratégias testadas e comprovadas, trago também minha visão pessoal para modernizar e adaptar o storytelling às novas demandas e comportamentos dos consumidores. Ao longo das páginas, você encontrará insights valiosos e dicas práticas que refletem minha experiência e estudos na área, tudo sintetizado de forma a facilitar a sua compreensão e aplicação.

COMO ESTE LIVRO ESTÁ ORGANIZADO?

Após esta apresentação, você será introduzido ao conceito de storytelling em vendas, compreendendo sua importância e como pode ser um diferencial competitivo em seu trabalho. Seguir-se-ão capítulos que detalham cada componente essencial de uma boa história, desde a construção de personagens relacionáveis até o desenvolvimento de uma narrativa envolvente que guia e motiva o cliente.

Cada capítulo é completo em si, mas também convida você a explorar o próximo, garantindo uma experiência de aprendizado fluída e engajadora. Ao final de cada seção, você será incentivado a refletir sobre como integrar os conhecimentos adquiridos em sua prática diária, preparando-o para o próximo passo em sua jornada de aprendizado.

Pronto para começar?

Convido você a mergulhar nas páginas seguintes e descobrir como transformar suas estratégias de vendas e marketing com o poder das narrativas. Este é o momento de ampliar suas habilidades e impulsionar seu sucesso através do storytelling. Vamos juntos nesta jornada de aprendizado e transformação!

Atenciosamente

Reginaldo Osnildo

INTRODUÇÃO AO STORYTELLING EM VENDAS

Agora que você já entrou no universo do storytelling em vendas, é essencial entender por que essa habilidade se tornou tão valiosa e como pode transformar seus resultados de vendas. Neste capítulo, vamos explorar a importância fundamental de contar histórias no contexto de vendas e descobrir como essa técnica pode aumentar significativamente suas taxas de conversão.

A RELEVÂNCIA DO STORYTELLING EM VENDAS

Você já se perguntou por que algumas marcas conseguem criar um vínculo quase instantâneo com seus clientes? A resposta frequentemente reside na habilidade de contar uma história envolvente. No mundo das vendas e do marketing, as histórias são mais do que apenas um meio de comunicação; elas são uma ferramenta estratégica que pode influenciar emoções e decisões de compra.

POR QUE HISTÓRIAS?

As histórias têm o poder de:

- **Conectar emocionalmente:** Através das histórias, você pode tocar o coração do seu público, criando uma conexão emocional que fatores puramente lógicos e racionais não podem alcançar.
- **Simplificar mensagens complexas:** Uma boa história pode transformar conceitos complexos ou dados técnicos em informações acessíveis e fáceis de lembrar.

- **Diferenciar sua oferta:** Em um mercado saturado, contar uma história única sobre seu produto ou serviço pode destacá-lo da concorrência.

COMO O STORYTELLING AUMENTA A CONVERSÃO

Adotar o storytelling em suas estratégias de vendas não é apenas sobre contar uma história; é sobre contar a **história certa** que ressoa com seu público e o motiva a agir. Vamos examinar como isso pode ser feito:

1. **Identificação e empatia:** Quando você conta histórias que refletem as experiências, desejos ou problemas do seu público, cria-se uma identificação que aumenta a empatia e fortalece a relação cliente-marca.
2. **Memorabilidade:** Histórias são mais facilmente lembradas do que listas de dados ou características de produtos. Uma narrativa cativante pode fazer com que sua marca permaneça na mente do consumidor muito depois do término do contato inicial.
3. **Decisões emocionais:** Compras são frequentemente decididas por emoções, justificadas pela razão. Uma história bem contada pode influenciar positivamente essas emoções e direcionar a decisão de compra a seu favor.

APLICANDO O STORYTELLING EM DIFERENTES CONTEXTOS DE VENDA

Para que você visualize melhor, imagine que você está vendendo um produto inovador de tecnologia. Em vez de focar apenas nas especificações técnicas, você poderia contar a história de como esse produto foi criado para resolver um problema específico, descrevendo o momento "eureka" da descoberta, a jornada dos desenvolvedores e como ele pode facilitar a vida do usuário. Isso não apenas humaniza sua marca, mas também destaca a utilidade e o valor do produto de uma maneira muito mais envolvente.

Ao longo deste capítulo, você começou a entender por que o storytelling é tão poderoso no contexto de vendas. Mas contar uma história envolvente vai além de apenas conhecer sua importância - é necessário entender os elementos que compõem uma boa história.

No próximo capítulo, vamos aprofundar nos "**ELEMENTOS DE UMA BOA HISTÓRIA**". Você aprenderá sobre os componentes chave que tornam uma história não só interessante, mas também eficaz e persuasiva. Este conhecimento será fundamental para que você possa começar a aplicar técnicas de storytelling que realmente convertem. Está preparado para mergulhar ainda mais fundo e descobrir como dominar a arte de contar histórias em suas vendas? Vamos adiante!

OS ELEMENTOS DE UMA BOA HISTÓRIA

Após explorar a importância do storytelling em vendas, você, leitor, está prestes a adentrar no coração da narrativa. Este capítulo é dedicado a desvendar os componentes chave que tornam uma história não apenas envolvente, mas extremamente eficaz no contexto de vendas. Cada elemento é uma peça vital na construção de uma narrativa que cativa e converte.

ESTRUTURA DE UMA BOA HISTÓRIA

Antes de entrarmos nos detalhes específicos, é crucial compreender que uma boa história, especialmente no contexto de vendas, precisa de uma estrutura clara e bem definida. Essa estrutura geralmente segue um padrão reconhecível, que inclui:

1. **Introdução:** Apresenta o cenário e os personagens. Aqui, você capta a atenção do seu ouvinte e estabelece o tom da narrativa.
2. **Desenvolvimento:** Aqui, os eventos começam a se desdobrar. Este é o momento de aprofundar os desafios ou problemas que seus personagens (e, por extensão, seus clientes) enfrentam.
3. **Clímax:** O ponto de maior tensão na história, onde o conflito atinge seu ápice.
4. **Desfecho:** A solução é revelada e a história é resolvida, idealmente de uma maneira que destaque o valor do seu produto ou serviço.

ELEMENTOS ESSENCIAIS

1. Personagens relatáveis: O coração de qualquer história são seus personagens. Em vendas, esses personagens devem ser particularmente relacionáveis para o seu público-alvo. Eles são o espelho das aspirações, medos e desejos dos seus clientes. Quando você descreve um personagem com quem seu público pode se identificar, a história se torna mais persuasiva e impactante.

2. Conflito: O conflito é o motor de qualquer história. É o que mantém os ouvintes engajados, desejosos por descobrir como o conflito será resolvido. No contexto de vendas, o conflito muitas vezes gira em torno de um problema que o seu produto ou serviço pode resolver. A maneira como você apresenta e resolve esse conflito pode influenciar diretamente a percepção de valor e a decisão de compra do cliente.

3. Arcos narrativos: Um arco narrativo eficaz leva o ouvinte em uma jornada, desde a introdução do problema até a apresentação da solução. Este arco não apenas mantém o público interessado, mas também ajuda a construir uma argumentação lógica e emocionalmente convincente para o seu produto ou serviço.

4. Detalhes vividos: Detalhes vividos ajudam a tornar sua história mais palpável e memorável. Descreva cenários, emoções e resultados de maneira que seu público possa visualizar claramente o que você está narrando. Isso aumenta a imersão e a conexão emocional com a história.

5. Mensagem claramente definida: Cada história deve ter uma mensagem clara e um propósito. No contexto de vendas, essa mensagem geralmente gira em torno dos benefícios e diferenciais do seu produto ou serviço. A clareza da mensagem assegura que o público saia com uma compreensão inequívoca do que você oferece e por que é valioso para eles.

Agora que você está equipado com um entendimento profundo dos elementos que compõem uma boa história, o próximo passo é aprender a aplicar esses conceitos na prática. No próximo capítulo, "**CONSTRUINDO PERSONAGENS RELATÁVEIS**", vamos mergulhar especificamente na arte de criar personagens que ecoem profundamente com seu público-alvo. Vamos descobrir juntos como personagens bem desenvolvidos podem ser a chave para transformar suas narrativas em uma ferramenta poderosa para impulsionar vendas e fortalecer sua marca. Prepare-se para transformar teoria em prática e elevar suas habilidades de storytelling a um novo nível!

CONSTRUINDO PERSONAGENS RELATÁVEIS

Você já compreendeu os elementos fundamentais que compõem uma boa história. Agora, vamos aprofundar em um dos aspectos mais críticos do storytelling em vendas: a criação de personagens que ressoem com o seu público-alvo. Neste capítulo, você aprenderá técnicas para desenvolver personagens que não apenas capturam a essência dos seus clientes potenciais, mas que também facilitam uma conexão emocional profunda, potencializando a eficácia das suas vendas.

A IMPORTÂNCIA DOS PERSONAGENS EM STORYTELLING DE VENDAS

Em vendas, os personagens são mais do que simples figuras em uma narrativa; eles são representações dos seus clientes. Eles devem refletir suas lutas, desejos, e aspirações. Quando seus personagens são relacionáveis, seus clientes veem-se na história, sentem que suas preocupações são entendidas e que suas necessidades podem ser atendidas pelo seu produto ou serviço.

COMO CRIAR PERSONAGENS RELATÁVEIS

1. **Entenda seu público-alvo:** Antes de criar um personagem, é essencial que você tenha um entendimento profundo de quem são seus clientes. Pesquise suas características demográficas, psicográficas e as principais motivações. Essas informações são a base para criar um personagem que verdadeiramente ressoe com eles.

2. **Baseie-se em problemas reais:** Os personagens devem enfrentar desafios ou problemas que sejam direta ou indiretamente relacionados ao que seu público enfrenta. Isso não só aumenta a relevância da história mas também mostra como seu produto ou serviço pode resolver esses problemas.
3. **Dê profundidade emocional:** Seus personagens devem ter emoções e profundidade psicológica. Isso pode ser alcançado através da exploração de seus medos, alegrias, incertezas e esperanças. Uma representação emocional autêntica cria empatia e faz com que os ouvintes se importem com o desenrolar da história.
4. **Desenvolva uma jornada de transformação:** Uma boa história de vendas mostra uma transformação positiva nos personagens. Ilustre como o uso do seu produto ou serviço pode transformar a vida do personagem para melhor, destacando os benefícios de uma maneira que o público possa imaginar-se experimentando.
5. **Use modelos e arquétipos, mas personalize:** Arquétipos são úteis para criar personagens rapidamente reconhecíveis e que instantaneamente conectam com o público. No entanto, é crucial personalizar esses arquétipos para que eles não se tornem clichês ou superficiais. Adapte-os para refletir nuances específicas do seu público.

EXEMPLO PRÁTICO

Imagine um produto de tecnologia destinado a melhorar a produtividade no local de trabalho. O personagem pode ser João, um gerente de projetos que luta para gerenciar seu tempo e equipe de maneira eficaz. João enfrenta o desafio de cumprir prazos apertados e manter sua equipe motivada. Através da história, mostramos como o nosso produto ajudou João a superar esses desafios, tornando-o um líder mais eficiente e sua equipe mais produtiva e satisfeita.

Com um entendimento sólido sobre como construir personagens que refletem e ressoam com seu público, o próximo passo é aprender a tecer esses personagens em uma narrativa coesa. No próximo capítulo, **"ESTRUTURANDO SUA HISTÓRIA"**, exploraremos como organizar sua história de uma maneira que não só mantenha o público engajado do início ao fim, mas também guie-os numa jornada emocional que culmina na aceitação da sua solução como a ideal. Preparado para dar vida às suas histórias com uma estrutura sólida e cativante? Vamos lá!

ESTRUTURANDO SUA HISTÓRIA

Agora que você já domina a arte de criar personagens que ressoam com seu público, é hora de aprender a estruturar sua história de maneira eficaz. Este capítulo é essencial para entender como organizar os elementos narrativos de forma que não apenas capte e mantenha a atenção do seu público, mas também os guie através de uma jornada emocional clara e envolvente, culminando na aceitação da sua solução como a ideal.

A IMPORTÂNCIA DE UMA ESTRUTURA FORTE

Uma história bem estruturada é crucial para a eficácia da sua narrativa em vendas. Ela não só ajuda a manter o foco e a clareza durante a narrativa, mas também assegura que cada parte da história contribua de forma significativa para o todo, levando o ouvinte a uma conclusão lógica e emocionalmente satisfatória.

OS COMPONENTES DA ESTRUTURA DE HISTÓRIA

1. **Introdução:**
   - **Estabeleça o cenário:** Apresente o ambiente onde a história ocorre, oferecendo ao público um contexto.
   - **Introduza os personagens principais:** Dê ao público uma visão clara de quem são os protagonistas.
   - **Apresente o problema:** Mostre o desafio ou o conflito que o personagem enfrenta, que é o ponto de partida para a ação.
2. **Desenvolvimento:**

- **Aprofunde o conflito:** Desenvolva o problema inicial e introduza complicações ou obstáculos adicionais.
- **Mostre a luta do personagem:** Ilustre como o personagem enfrenta esses desafios, o que ajuda a construir empatia e interesse.
- **Insira pontos de virada:** Estes são momentos-chave que mudam a direção da história, mantendo o público engajado e curioso.

3. **Clímax:**
   - **O ponto alto da história:** É o momento de maior tensão, onde o conflito atinge seu pico. É aqui que o personagem enfrenta sua maior barreira, e o resultado é incerto.
   - **Resolução do conflito:** A solução do seu produto ou serviço é apresentada como a chave para superar o conflito.

4. **Conclusão:**
   - **Mostre o impacto da solução:** Ilustre como a vida do personagem mudou para melhor graças à sua solução.
   - **Reforce a mensagem central:** Reafirme os benefícios do seu produto ou serviço e por que o ouvinte deve se importar.
   - **Faça um apelo à ação:** Encoraje o público a tomar uma ação baseada no que foi apresentado.

APLICANDO A ESTRUTURA À NARRATIVA DE VENDAS

Vamos considerar um exemplo prático: Suponha que você esteja vendendo um software de planejamento financeiro. A história poderia começar com Ana, uma pequena empresária que está lutando para manter suas finanças organizadas e enfrentando dificuldades para expandir seu negócio. A introdução mostra seu dia a dia e as dificuldades que ela enfrenta.

No desenvolvimento, Ana experimenta diferentes soluções sem sucesso, aumentando sua frustração. Um ponto de virada ocorre quando ela descobre seu software, que promete simplificar a gestão financeira.

O clímax revela Ana utilizando o software durante um período crítico, enfrentando o risco de falhar em um grande contrato. A solução proporcionada pelo software permite que ela gerencie suas finanças eficientemente, garantindo o sucesso do contrato.
A conclusão mostra Ana seis meses depois, com seu negócio agora próspero e expandindo, graças ao controle que o software lhe proporcionou.

Compreender a estrutura de uma boa história é apenas o começo. No próximo capítulo, "**DESENVOLVENDO CONFLITOS E CLÍMAX**", vamos mergulhar ainda mais fundo em como criar e resolver conflitos de maneira que não apenas mantenha seu público preso à história, mas também demonstre de forma clara o valor do seu produto ou serviço. Prepare-se para aprender a arte de tecer desafios que tornarão suas histórias inesquecíveis e suas vendas mais efetivas!

DESENVOLVENDO CONFLITOS E CLÍMAX

Agora que você está familiarizado com a estrutura básica de uma história eficaz, vamos nos aprofundar em dois dos componentes mais críticos da narrativa: o desenvolvimento de conflitos e a construção do clímax. Este capítulo irá equipá-lo com as habilidades necessárias para adicionar drama e suspense às suas histórias, culminando em um clímax que não só cativa o ouvinte, mas também demonstra o valor inegável do seu produto ou serviço.

A IMPORTÂNCIA DO CONFLITO EM STORYTELLING

Conflito é o coração de qualquer história. É o motor que impulsiona a narrativa e mantém os ouvintes engajados. No contexto de vendas, o conflito não é apenas um elemento de entretenimento; ele serve para criar um senso de necessidade e urgência, ilustrando o problema que seu produto ou serviço resolve.

TIPOS DE CONFLITOS

1. **Conflitos internos:**
   - **Emocionais ou psicológicos:** Conflitos internos exploram as lutas internas dos personagens, como medos, dúvidas ou desejos não realizados. Esses conflitos podem ressoar profundamente com o público, refletindo suas próprias experiências e emoções.
2. **Conflitos externos:**

- **Com outras pessoas:** Inclui desafios com outros personagens, oposição ou competição.
- **Com o ambiente:** Problemas causados por circunstâncias externas, como crises econômicas ou desastres naturais.
- **Com a sociedade:** Conflitos decorrentes de normas culturais, pressões sociais ou expectativas.

Ao escolher o tipo de conflito para sua história, considere o que mais efetivamente ilustra o problema que seu produto ou serviço resolve e como esse conflito pode evocar uma resposta emocional do seu público.

CONSTRUINDO O CLÍMAX

O clímax é o ponto de maior tensão na sua história, o momento em que o conflito atinge seu ápice. É crucial que este ponto seja impactante e memorável, pois é quando a resolução deve começar a se desenrolar, idealmente através da introdução do seu produto ou serviço como a solução.

COMO CRIAR UM CLÍMAX EFICAZ

1. **Intensifique o conflito:**
   - Gradualmente aumente a intensidade do conflito à medida que a história progride, construindo expectativa e interesse.
2. **Envolva emoções fortes:**

- Utilize o clímax para maximizar as emoções envolvidas—seja tensão, desespero, esperança ou excitação. Isso torna o momento mais envolvente e a resolução mais gratificante.
3. **Destaque o momento decisivo:**
   - Certifique-se de que o clímax destaque claramente um ponto de virada onde a intervenção do seu produto ou serviço é apresentada como a chave para a resolução do conflito.
4. **Faça a conexão clara:**
   - O clímax deve ligar diretamente o desafio enfrentado pelo personagem à solução que seu produto ou serviço oferece, demonstrando inequivocamente seu valor.

EXEMPLO PRÁTICO

Imagine uma história sobre uma profissional de marketing, Clara, que está lutando para aumentar o engajamento de sua marca nas redes sociais, um conflito externo comum no ambiente competitivo atual. À medida que a campanha de marketing de Clara começa a falhar, aumentando a pressão para entregar resultados, o conflito se intensifica.

O clímax ocorre em uma reunião crucial, onde ela apresenta uma nova ferramenta de análise de dados sociais (seu produto) que revela insights sobre o público-alvo, permitindo uma campanha personalizada que rapidamente melhora o engajamento.

Ao dominar a arte de criar conflitos envolventes e construir clímax poderosos, você prepara o terreno para não apenas contar uma história, mas para vender uma solução. No próximo capítulo, **"LINGUAGEM E ESTILO"**, vamos explorar como a escolha das palavras e o estilo narrativo podem aumentar ainda mais o impacto das suas histórias. Prepare-se para aprender como afinar sua voz para falar diretamente ao coração e à mente dos seus clientes.

LINGUAGEM E ESTILO

Dominar o conflito e o clímax é crucial, mas a maneira como você conta sua história — a linguagem e o estilo que escolhe — também desempenha um papel fundamental na eficácia da sua narrativa. Neste capítulo, vamos explorar como o uso consciente da linguagem e a seleção de um estilo narrativo apropriado podem amplificar o impacto das suas histórias, tornando-as mais persuasivas e memoráveis para seu público.

A IMPORTÂNCIA DA ESCOLHA DA LINGUAGEM

A linguagem é a matéria-prima das histórias. Ela não apenas transmite informações, mas também evoca emoções, cria imagens mentais e estabelece uma conexão com o ouvinte. A escolha das palavras, o ritmo da narrativa e o tom usado podem influenciar profundamente como a mensagem é recebida.

DICAS PARA ESCOLHER A LINGUAGEM APROPRIADA

1. **Conheça seu público:**
   - Adapte o vocabulário e a complexidade da linguagem ao seu público-alvo. Por exemplo, uma linguagem técnica pode ser apropriada para especialistas, mas alienante para leigos.
2. **Use uma voz ativa:**
   - Prefira a voz ativa à passiva. Frases ativas são mais diretas, enérgicas e fáceis de seguir, o que ajuda a manter o público engajado.
3. **Seja conciso e claro:**

- Evite jargões desnecessários e mantenha suas frases curtas e ao ponto. A clareza ajuda a garantir que sua mensagem seja entendida sem ambiguidades.

4. **Empregue metáforas e analogias:**
   - Metáforas e analogias são ferramentas poderosas para tornar conceitos abstratos tangíveis e mais fáceis de compreender, além de enriquecerem a narrativa.

ESCOLHENDO O ESTILO NARRATIVO

O estilo narrativo refere-se à maneira como a história é contada. Isso inclui a escolha da perspectiva (primeira pessoa, segunda pessoa, terceira pessoa), o uso de descrições detalhadas versus um estilo mais direto e minimalista, e o ritmo geral da narrativa.

ESTRATÉGIAS PARA DEFINIR O ESTILO NARRATIVO

1. **Decida a perspectiva:**
   - A primeira pessoa cria uma conexão íntima, tornando a história pessoal e direta. A terceira pessoa oferece mais flexibilidade e autoridade. Escolha com base no nível de proximidade que deseja estabelecer com seu público.
2. **Ajuste o ritmo:**
   - Varie o comprimento das frases para controlar o ritmo da narrativa. Frases curtas podem aumentar a tensão ou a urgência,

enquanto frases mais longas podem desenvolver complexidade e profundidade.
3. **Incorpore diálogos:**
    - Diálogos podem tornar sua história mais viva e realista, além de serem excelentes para mostrar características de personagens ou avançar na trama sem longas descrições.

EXEMPLO PRÁTICO

Suponha que você esteja vendendo um software de gerenciamento de projetos. Uma abordagem eficaz pode ser narrar em primeira pessoa, seguindo um dia na vida de um gerente de projeto sobrecarregado. Utilizando frases curtas e diretas para descrever a frustração inicial e gradualmente introduzindo termos mais técnicos conforme ele explora as funcionalidades do software, você pode criar um arco emocional que culmina na revelação de como o software alivia seus problemas diários.

Agora que você compreende como a linguagem e o estilo influenciam a percepção e o engajamento do seu público, o próximo passo é aprender a integrar elementos visuais na sua narrativa. No próximo capítulo, "**STORYTELLING VISUAL**", exploraremos como usar visuais para reforçar suas histórias, criar uma conexão mais forte e comunicar sua mensagem de forma mais eficaz. Prepare-se para expandir suas habilidades narrativas para além das palavras!

STORYTELLING VISUAL

À medida que você aprimora suas habilidades em contar histórias através da linguagem e do estilo, é crucial também explorar como os elementos visuais podem ser integrados para fortalecer suas narrativas. Este capítulo foca em storytelling visual, uma ferramenta poderosa para captar a atenção, transmitir informações rapidamente e enriquecer a experiência do seu público.

A FORÇA DO VISUAL NO STORYTELLING

Imagens, gráficos e outros elementos visuais podem comunicar aspectos de uma história de maneira instantânea e muitas vezes mais eficaz do que palavras. No contexto de vendas e marketing, o storytelling visual não é apenas sobre embelezar a apresentação, mas sobre criar uma narrativa que seja simultaneamente atraente e funcional.

POR QUE USAR STORYTELLING VISUAL?

1. **Compreensão rápida:** Imagens são processadas pelo cérebro humano muito mais rápido do que texto. Elas podem ajudar seu público a entender conceitos complexos em questão de segundos.
2. **Aumento da retenção:** Informações apresentadas visualmente são mais facilmente lembradas do que as apresentadas apenas textualmente.
3. **Engajamento emocional:** Elementos visuais podem evocar emoções de maneira direta e potente, reforçando a conexão emocional com a história.

COMO INTEGRAR ELEMENTOS VISUAIS NA NARRATIVA

1. **Escolha visuais que complementam o texto:**
   - Use imagens que expandam ou esclareçam o texto, não apenas que o decorem. Cada visual deve ter um propósito claro e adicionar valor à história.
2. **Crie consistência visual:**
   - Mantenha um estilo visual consistente em toda a sua narrativa. Isso inclui usar uma paleta de cores coerente, tipos de ilustrações similares e uma formatação uniforme.
3. **Utilize diagramas e infográficos:**
   - Para dados e estatísticas, infográficos e diagramas são excepcionalmente úteis. Eles simplificam a apresentação de informações complexas e facilitam a compreensão.
4. **Aposte em storyboards e sequências:**
   - Considere o uso de storyboards ou sequências de imagens para contar uma parte da história. Isso é particularmente eficaz para mostrar transformações ou processos passo a passo.

EXEMPLO PRÁTICO

Imagine que você está contando a história de um cliente que melhorou significativamente sua saúde com um novo produto de fitness. Você poderia integrar:

- **Antes e depois de fotos:** Visualmente poderoso, mostra a transformação física clara.
- **Gráficos de progresso:** Exibe dados de desempenho ao longo do tempo, reforçando a eficácia do produto com provas concretas.
- **Vídeos de testemunhos:** Permite que o público ouça diretamente do cliente, adicionando autenticidade e emoção.

Com estas ferramentas em mãos, você está pronto para elevar suas histórias a um novo nível de profissionalismo e eficácia. No próximo capítulo, "**NARRATIVAS BASEADAS EM DADOS**", vamos explorar como você pode utilizar dados para contar uma história convincente que não apenas informa, mas também persuade. Prepare-se para aprender a combinar dados e narrativa de maneira a fortalecer seus argumentos de venda e construir uma base sólida de credibilidade e confiança.

NARRATIVAS BASEADAS EM DADOS

Após explorar como os elementos visuais podem ampliar o impacto de suas histórias, é hora de aprofundar-se em um aspecto fundamental do storytelling moderno, especialmente em vendas e marketing: a integração de dados nas suas narrativas. Este capítulo irá mostrar como você pode utilizar dados não apenas para suportar seus argumentos de venda, mas também para contar uma história convincente e credível.

A IMPORTÂNCIA DOS DADOS EM STORYTELLING

Num mundo cada vez mais orientado por dados, a habilidade de contar histórias que não apenas engajam emocionalmente, mas que também são fundamentadas em evidências quantificáveis, é crucial. Dados trazem credibilidade e autoridade para suas histórias, ajudando a construir confiança com seu público.

POR QUE INTEGRAR DADOS NA SUA NARRATIVA?

1. **Validação:** Dados fornecem uma base sólida para suas alegações, mostrando que suas histórias são enraizadas na realidade.
2. **Personalização:** Quando você usa dados para detalhar sua história, isso pode ser personalizado para ressoar com segmentos específicos de seu público.
3. **Convicção:** Dados podem transformar uma história persuasiva em um argumento quase irrefutável, especialmente importante em decisões de compra complexas ou de alto valor.

COMO UTILIZAR DADOS PARA CONTAR HISTÓRIAS

1. **Selecione dados relevantes:**
   - Escolha dados que sejam diretamente relevantes para o ponto que você está tentando provar ou a história que está contando. Evite sobrecarregar o público com informações desnecessárias.
2. **Contextualize os dados:**
   - Dados por si só podem ser secos ou difíceis de interpretar. Incorpore-os em uma narrativa que explique seu significado e importância. Conte a história por trás dos números.
3. **Visualize os dados:**
   - Como discutido no capítulo anterior, visualizar informações complexas pode torná-las mais acessíveis e fáceis de entender. Use gráficos, tabelas e infográficos para apresentar os dados de forma clara e atraente.
4. **Use dados para construir histórias:**
   - Deixe que os dados guiem a estrutura da sua história. Por exemplo, você pode começar com uma estatística surpreendente para chamar atenção e então explicar como sua solução pode abordar ou mudar essa realidade.

EXEMPLO PRÁTICO

Suponha que você esteja vendendo uma solução de software que ajuda empresas a aumentar a eficiência operacional. Você pode começar com dados gerais sobre perda de produtividade no setor, seguido de estudos de caso detalhados que mostram como seu software ajudou clientes específicos a melhorar suas operações e resultados finais.

Equipado com técnicas para integrar dados de forma eficaz na sua storytelling, você está pronto para aplicar essas habilidades em apresentações de vendas, propostas e comunicações de marketing. No próximo capítulo, "**APLICANDO STORYTELLING EM APRESENTAÇÕES DE VENDAS**", vamos focar em como transformar suas apresentações de vendas usando as técnicas de storytelling que você aprendeu até agora. Prepare-se para aprender a transformar suas apresentações em experiências envolventes e persuasivas que capturam a atenção e convencem o público a agir.

APLICANDO STORYTELLING EM APRESENTAÇÕES DE VENDAS

Com uma compreensão sólida sobre como incorporar dados e elementos visuais em suas histórias, agora vamos focar em como aplicar essas técnicas de storytelling diretamente em suas apresentações de vendas. Este capítulo é dedicado a transformar suas apresentações de vendas, tornando-as não apenas informativas, mas também envolventes e persuasivas.

A ARTE DE CONTAR HISTÓRIAS EM APRESENTAÇÕES DE VENDAS

Uma apresentação de vendas eficaz não é apenas uma lista de características e benefícios do produto; é uma oportunidade para contar uma história que conecte seu público emocionalmente e mostre claramente o valor do que está sendo oferecido.

BENEFÍCIOS DO STORYTELLING EM APRESENTAÇÕES DE VENDAS

1. **Engajamento do público:** Histórias capturam e mantêm a atenção do público melhor do que qualquer outra técnica de apresentação.
2. **Memorabilidade:** Uma história bem contada é lembrada muito mais do que fatos e números isolados.
3. **Conexão emocional:** Histórias permitem que você crie uma conexão emocional, que é crucial para influenciar decisões de compra.

COMO CONSTRUIR SUA APRESENTAÇÃO USANDO STORYTELLING

1. **Inicie com um gancho forte:**
   - Comece sua apresentação com um gancho que capte imediatamente a atenção do público. Isso pode ser uma estatística impactante, uma pergunta provocativa, ou uma breve história que destaque um problema comum que seu produto resolve.
2. **Desenvolva uma narrativa coerente:**
   - Estruture sua apresentação como uma história com um início claro, meio e fim. Introduza o problema, explore o conflito e culmine com a solução que seu produto oferece.
3. **Incorpore elementos visuais e dados:**
   - Utilize os princípios do storytelling visual e as técnicas de narrativas baseadas em dados para tornar sua apresentação mais dinâmica e informativa.
4. **Personalize a história para o público:**
   - Adapte a história para ressoar especificamente com o público-alvo da apresentação. Isso mostra que você entende suas necessidades e está pronto para atendê-las.
5. **Finalize com um chamado à ação claro:**
   - Conclua sua apresentação com um chamado à ação forte, incentivando o público a tomar

uma decisão baseada no que foi apresentado.

EXEMPLO PRÁTICO

Imagine que você está apresentando um software de CRM para uma empresa que enfrenta desafios na gestão de relacionamentos com clientes. Comece com uma breve história sobre um cliente fictício que perdeu vendas significativas devido à falta de organização nos dados dos clientes. Prossiga detalhando como o problema se agravou, utilizando dados para mostrar a frequência e impacto desses problemas no setor. Introduza seu produto como a solução, destacando suas funcionalidades através de uma demonstração ao vivo ou um vídeo. Conclua com testemunhos de clientes satisfeitos e um convite para uma consulta ou demonstração gratuita, incentivando a ação imediata.

Agora que você está equipado para transformar suas apresentações de vendas com storytelling, o próximo capítulo focará em **"HISTÓRIAS DE SUCESSO DO CLIENTE"**. Você aprenderá a utilizar testemunhos e estudos de caso como narrativas poderosas que demonstram o valor do seu produto, proporcionando provas concretas que podem influenciar a decisão de compra dos seus clientes. Prepare-se para adicionar mais uma ferramenta essencial ao seu arsenal de vendas!

HISTÓRIAS DE SUCESSO DO CLIENTE

Utilizar histórias de sucesso do cliente é uma forma extremamente eficaz de demonstrar o valor e a eficácia do seu produto ou serviço. Neste capítulo, você aprenderá como transformar testemunhos e estudos de caso em narrativas convincentes que não apenas apoiam suas afirmações, mas também inspiram confiança e incentivam decisões de compra.

O PODER DAS HISTÓRIAS DE SUCESSO DO CLIENTE

Histórias de sucesso do cliente são mais do que simples testemunhos; elas são uma forma de storytelling que traz dados e experiências reais para ilustrar como seu produto ou serviço resolve problemas específicos. Elas fornecem prova social, um dos mais potentes influenciadores na tomada de decisões de compra.

BENEFÍCIOS DAS HISTÓRIAS DE SUCESSO DO CLIENTE

1. **Prova social:** Mostram a outros potenciais clientes que seu produto funciona e é confiável.
2. **Identificação:** Permitem que prospects vejam problemas similares aos seus sendo resolvidos.
3. **Validação de decisões:** Reforçam que a decisão de escolher seu produto é a escolha certa.

COMO CRIAR HISTÓRIAS DE SUCESSO EFICAZES

1. **Selecione histórias relevantes:**
   - Escolha histórias que ressoem com o perfil e as necessidades do seu público-alvo. Priorize

aquelas que refletem os desafios mais comuns enfrentados pelos seus clientes.
2. **Detalhe o contexto e o problema:**
   - Comece cada história apresentando o cliente, o contexto no qual ele opera e os desafios específicos que enfrentava antes de encontrar sua solução.
3. **Descreva a implementação e a solução:**
   - Explique como seu produto ou serviço foi implementado e como especificamente ele ajudou a resolver o problema. Seja detalhado nas funcionalidades usadas e na aplicação prática.
4. **Apresente resultados concretos e medíveis:**
   - Destaque os resultados alcançados com dados quantificáveis. Por exemplo, aumento de produtividade, redução de custos, melhoria no atendimento ao cliente, etc.
5. **Inclua citações e depoimentos:**
   - Use citações diretas dos clientes para adicionar autenticidade e uma voz pessoal à história.

EXEMPLO PRÁTICO

Suponha que você esteja promovendo um software de automação de marketing. Uma história de sucesso poderia começar com a descrição de uma pequena empresa de e-commerce lutando com taxas de conversão baixas e um processo de marketing digital ineficiente. Após a implementação do seu software, eles viram um aumento de 50% nas conversões e uma redução de 30% no tempo dedicado às campanhas de marketing. Inclua uma citação do CEO expressando como a mudança impactou positivamente o negócio.

Equipado com a capacidade de contar histórias de sucesso do cliente, você está pronto para aplicar essa técnica poderosa em suas estratégias de marketing e vendas. No próximo capítulo, "**EMOÇÃO E PERSUASÃO**", exploraremos como as emoções desempenham um papel crítico em como as histórias podem persuadir e influenciar decisões. Prepare-se para aprender como tocar o coração e a mente de seus clientes para impulsionar ainda mais as vendas.

EMOÇÃO E PERSUASÃO

Explorar o poder das emoções é crucial no storytelling, especialmente quando se trata de vendas e marketing. Este capítulo vai mergulhar na intersecção entre emoção e persuasão, mostrando como você pode usar as emoções para influenciar decisões e fortalecer a conexão entre seus clientes e sua marca.

A IMPORTÂNCIA DAS EMOÇÕES EM STORYTELLING

As decisões de compra são frequentemente mais influenciadas por emoções do que por análises racionais. Emoções desempenham um papel crítico ao fazer com que uma história ressoe com o público, criando uma impressão duradoura que vai além dos atributos tangíveis do produto.

BENEFÍCIOS DO USO DE EMOÇÕES

1. **Conexão profunda:** Emoções ajudam a criar uma conexão mais profunda e pessoal com o público, fazendo com que se sintam mais envolvidos com a narrativa.
2. **Memorabilidade:** Histórias que evocam emoções fortes são mais facilmente lembradas e mais propensas a serem compartilhadas.
3. **Influência na decisão:** Emoções podem direcionar decisões de compra de forma mais eficaz do que a simples apresentação de fatos.

COMO INTEGRAR EMOÇÕES NA SUA NARRATIVA

1. **Identifique as emoções-alvo:**
   - Decida quais emoções você deseja evocar com sua história. Isso pode variar desde confiança e segurança até alegria e surpresa, dependendo do contexto e do objetivo da narrativa.
2. **Use conflitos para gerar emoção:**
   - Conflitos, quando bem desenvolvidos, são excelentes geradores de emoção. Eles colocam os personagens em situações desafiadoras que provocam empatia e engajamento emocional do público.
3. **Empregue elementos visuais emocionais:**
   - Como discutido anteriormente, elementos visuais podem ser poderosos em evocar emoções. Imagens, cores e design visual podem todos ser utilizados para amplificar o impacto emocional da sua história.
4. **Histórias de transformação pessoal:**
   - Histórias que mostram transformações pessoais profundas são especialmente eficazes em gerar emoções fortes. Elas mostram não apenas o antes e o depois, mas também a jornada emocional dos personagens.

EXEMPLO PRÁTICO

Imagine que você está vendendo um programa de coaching de vida. A história pode seguir um indivíduo que estava enfrentando baixa autoestima e insatisfação profissional. Ao longo do programa, ele experimenta momentos de descoberta e transformação, culminando em uma nova carreira que ele ama e uma vida mais feliz e satisfatória. Essa narrativa não apenas mostra os benefícios tangíveis do serviço, mas também cria uma jornada emocional com a qual os espectadores podem se identificar e se inspirar.

Agora que você entende como empregar emoções para aumentar a persuasão em suas histórias, você está preparado para explorar ainda mais profundamente o papel dos arquétipos e como eles podem ser usados para criar narrativas universais e profundamente ressonantes. No próximo capítulo, "**USANDO ARQUÉTIPOS**", investigaremos como essas estruturas de personagens atemporais podem ser aplicadas para enriquecer ainda mais suas histórias de vendas. Prepare-se para mergulhar no uso de arquétipos e descubra como eles podem transformar suas narrativas em algo verdadeiramente memorável e persuasivo.

USANDO ARQUÉTIPOS

Explorar arquétipos é adentrar num território rico em simbolismo e profundidade psicológica. Este capítulo detalha como você pode usar arquétipos para criar histórias mais profundas e universais, que ressoam com uma ampla gama de públicos e enriquecem suas narrativas de vendas.

O QUE SÃO ARQUÉTIPOS?

Arquétipos são modelos de personagens ou temas que são universalmente reconhecidos e entendidos. Eles representam padrões de comportamento humano que são instantaneamente identificáveis, o que os torna ferramentas poderosas no storytelling.

EXEMPLOS COMUNS DE ARQUÉTIPOS

1. **O Herói:** Busca superar adversidades e restaurar a harmonia.
2. **O Mentor:** Guia o herói, oferecendo sabedoria e proteção.
3. **O Forasteiro:** Vive à margem da sociedade, representando novas perspectivas.
4. **O Guardião:** Protege um segredo ou um tesouro valioso.
5. **O Vilão:** O antagonista que cria o conflito para o herói.

BENEFÍCIOS DE USAR ARQUÉTIPOS EM STORYTELLING

1. **Conexão imediata:** Arquétipos facilitam uma conexão rápida entre o personagem e o público, pois eles evocam conjuntos de expectativas e emoções pré-existentes.
2. **Universalidade:** As histórias baseadas em arquétipos são mais acessíveis a públicos diversos, pois tratam de experiências e emoções humanas fundamentais.
3. **Profundidade psicológica:** Arquétipos ajudam a adicionar profundidade às personagens, tornando-as mais complexas e memoráveis.

COMO INTEGRAR ARQUÉTIPOS NA SUA NARRATIVA

1. **Escolha arquétipos relevantes:**
   - Selecione arquétipos que se alinhem com a mensagem da sua marca e os objetivos da sua história. Por exemplo, um produto que oferece segurança pode ser bem representado por um Guardião.
2. **Adapte arquétipos às necessidades modernas:**
   - Embora arquétipos sejam universais, eles precisam ser adaptados para refletir contextos modernos e relevância cultural.
3. **Combine arquétipos:**
   - Usar mais de um arquétipo pode enriquecer sua história, criando dinâmicas complexas e mais oportunidades de desenvolvimento narrativo.

EXEMPLO PRÁTICO

Imagine uma campanha de marketing para um novo sistema de segurança residencial. Você pode construir a narrativa em torno do arquétipo do Guardião, apresentando o produto como um protetor confiável da casa. O cliente, retratado como o Herói, enfrenta o desafio de proteger sua família contra intrusos, simbolizados como Vilões. O sistema de segurança, então, atua como o Mentor, fornecendo as ferramentas necessárias para o Herói superar seus desafios.

Agora que você compreende como arquétipos podem ser utilizados para criar histórias envolventes e profundas, o próximo passo é adaptar essas histórias para diferentes canais. No próximo capítulo, "**STORYTELLING MULTICANAL**", vamos explorar como você pode adaptar e apresentar suas histórias de forma coerente e eficaz em várias plataformas e meios de comunicação. Esteja preparado para aprender a maximizar o alcance e impacto de suas narrativas.

STORYTELLING MULTICANAL

Em um mundo conectado digitalmente, a habilidade de contar sua história através de múltiplos canais é essencial. Este capítulo aborda como adaptar e manter a coerência de suas narrativas em diferentes plataformas de mídia, garantindo que sua mensagem seja eficaz e unificada, independentemente de onde seu público a encontre.

A IMPORTÂNCIA DO STORYTELLING MULTICANAL

Com o crescimento das plataformas digitais, os consumidores podem interagir com sua marca em diversos pontos de contato. Cada canal tem suas peculiaridades e requer uma abordagem específica para o storytelling. Adaptar sua história a múltiplos canais aumenta o alcance e fortalece a presença da sua marca.

BENEFÍCIOS DO STORYTELLING MULTICANAL

1. **Alcance ampliado:** Aproveitar vários canais permite que você alcance diferentes segmentos do seu público onde eles estão mais ativos.
2. **Mensagem consistente:** Uma história coerente através de múltiplos canais reforça a mensagem, construindo uma identidade de marca forte e confiável.
3. **Engajamento aumentado:** Histórias adaptadas para diferentes canais podem maximizar o engajamento, aproveitando as forças específicas de cada plataforma.

COMO ADAPTAR HISTÓRIAS PARA DIFERENTES CANAIS

1. **Conheça seu público em cada canal:**
   - Analise e entenda as características demográficas e comportamentais do público de cada canal. Adapte a linguagem, o tom e o conteúdo para atender às suas preferências e expectativas.
2. **Utilize formatos apropriados:**
   - Cada canal tem formatos preferidos, seja texto, vídeo, imagem ou áudio. Adapte sua história para se encaixar nos formatos mais eficazes de cada canal.
3. **Mantenha a essência da mensagem:**
   - Embora o formato possa mudar, a mensagem central e os valores da marca devem permanecer consistentes. Assegure-se de que todos os elementos narrativos reforcem a identidade e os objetivos da sua marca.
4. **Crie conteúdo específico para cada canal:**
   - Desenvolva conteúdo que não apenas adapte a história para diferentes formatos, mas também aproveite as particularidades de cada canal. Por exemplo, histórias mais visuais para Instagram, conteúdos interativos para websites, ou discussões mais profundas em blogs.

EXEMPLO PRÁTICO

Suponha que você esteja promovendo um aplicativo de saúde e bem-estar. No Instagram, você pode compartilhar histórias visuais curtas destacando os benefícios do aplicativo com imagens vibrantes e testemunhos em vídeo. No LinkedIn, a abordagem pode ser mais informativa e profissional, com artigos detalhando a ciência por trás do aplicativo e seu impacto na produtividade no trabalho. No YouTube, vídeos tutoriais mostrando como usar o aplicativo podem ser complementados com histórias de sucesso de usuários.

Com as estratégias para adaptar sua narrativa a múltiplos canais, o próximo capítulo focará em "**INTERATIVIDADE E ENGAJAMENTO**". Você aprenderá técnicas para tornar suas histórias mais interativas, aumentando o engajamento e a participação do público. Esteja preparado para explorar como envolver ativamente seus espectadores e transformá-los em participantes da sua história.

INTERATIVIDADE E ENGAJAMENTO

A interatividade é uma poderosa ferramenta para aumentar o engajamento em suas narrativas. Este capítulo irá explorar como você pode tornar suas histórias mais interativas, transformando seus espectadores em participantes ativos, o que pode significativamente ampliar o impacto e a retenção de suas mensagens.

A IMPORTÂNCIA DA INTERATIVIDADE

No contexto atual, onde a quantidade de conteúdo disponível é imensa, a interatividade pode ser a chave para se destacar. Tornar suas histórias interativas permite que o público se envolva ativamente, o que não apenas melhora a experiência do usuário, mas também aumenta a probabilidade de a mensagem ser lembrada e valorizada.

BENEFÍCIOS DA INTERATIVIDADE

1. **Maior Engajamento:** Histórias interativas são mais cativantes e mantêm o público interessado por mais tempo.
2. **Personalização:** A interatividade permite que os usuários escolham seus próprios caminhos ou interajam de maneira que faça a história se adaptar às suas preferências, aumentando a relevância pessoal.
3. **Feedback direto:** Ao interagir com sua história, os usuários fornecem feedback imediato sobre suas preferências e comportamentos, informações

valiosas que podem ser utilizadas para refinar futuras narrativas.

TÉCNICAS PARA TORNAR HISTÓRIAS INTERATIVAS

1. **Escolhas de caminhos narrativos:**
   - Permita que o público escolha diferentes caminhos na história, o que pode levar a finais distintos. Isso é particularmente eficaz em ambientes digitais, onde cliques ou seleções podem alterar o curso da narrativa.
2. **Quizzes e perguntas:**
   - Integre quizzes ou perguntas que incentivem o público a pensar e interagir com o conteúdo. Isso pode ajudar a reforçar pontos-chave e aumentar a retenção de informações.
3. **Realidade aumentada e virtual:**
   - Use tecnologias de realidade aumentada (RA) e virtual (RV) para criar experiências imersivas que permitam ao público explorar cenários ou interagir com elementos da história de maneira mais tangível.
4. **Integração com redes sociais:**
   - Encoraje o público a compartilhar suas experiências ou decisões relacionadas à história em redes sociais. Isso não apenas aumenta a interatividade, mas também expande o alcance da sua narrativa.

EXEMPLO PRÁTICO

Imagine uma campanha para um novo jogo de smartphone que promove a consciência ambiental. Você pode desenvolver uma história interativa onde os jogadores escolhem ações que impactam diretamente o ambiente virtual. Incorporar elementos de realidade aumentada pode permitir que os jogadores vejam os efeitos de suas escolhas no mundo real, como visualizar árvores crescendo ou poluição diminuindo, dependendo de suas ações no jogo.

Agora que você entende como a interatividade pode transformar a experiência de storytelling e aumentar o engajamento, o próximo capítulo, **"NARRATIVAS PARA DIFERENTES ESTÁGIOS DO FUNIL DE VENDAS"**, irá focar em como adaptar suas histórias para atender às necessidades específicas de clientes em diferentes estágios do processo de compra. Esteja pronto para aprender a alinhar suas histórias com a jornada do cliente, maximizando assim a eficácia de suas estratégias de vendas e marketing.

NARRATIVAS PARA DIFERENTES ESTÁGIOS DO FUNIL DE VENDAS

Cada estágio do funil de vendas requer uma abordagem diferente em termos de storytelling. Neste capítulo, exploraremos como adaptar suas narrativas para atender às necessidades específicas de potenciais clientes em diferentes fases da jornada de compra, desde a conscientização até a decisão final.

ENTENDENDO O FUNIL DE VENDAS

O funil de vendas é um modelo que descreve a jornada do cliente desde o primeiro contato com a marca até o fechamento da compra. Ele é dividido em várias etapas:

1. **Conscientização:** O cliente toma conhecimento do seu produto ou serviço.
2. **Consideração:** O cliente avalia como o seu produto ou serviço pode atender às suas necessidades.
3. **Decisão:** O cliente decide se vai ou não fazer a compra.

STORYTELLING EM CADA ESTÁGIO DO FUNIL

1. Conscientização

Nesta fase, o objetivo é atrair a atenção e gerar interesse. Suas histórias devem focar em apresentar a marca e despertar curiosidade.

- **Técnicas de storytelling:**
    - Use histórias que destaquem problemas comuns que seu produto resolve.
    - Histórias visuais e vídeos curtos são eficazes para captar a atenção rapidamente.

2. Consideração

Os clientes já conhecem sua marca e começam a considerar se devem ou não comprar. Aqui, as histórias precisam fornecer mais informações e mostrar como seu produto se destaca.

- **Técnicas de storytelling:**
    - Apresente estudos de caso ou depoimentos que demonstram o sucesso de outros clientes.
    - Use comparações e demonstrações para explicar como seu produto funciona e por que é superior.

3. Decisão

Esta é a etapa final, onde o cliente está pronto para comprar. As histórias aqui devem reforçar a decisão e mitigar quaisquer dúvidas restantes.

- **Técnicas de storytelling:**
    - Ofereça garantias, como testes gratuitos ou garantias de devolução do dinheiro.
    - Histórias que focam em pós-venda e suporte podem ajudar a garantir aos clientes que eles estão fazendo a escolha certa.

EXEMPLO PRÁTICO

Suponha que você esteja vendendo um software de gerenciamento de projetos. No estágio de **Conscientização**, você poderia criar um vídeo atraente mostrando o caos de um escritório sem o software, introduzindo sua marca como uma solução potencial. No estágio de **Consideração**, um estudo de caso detalhado pode ser apresentado, mostrando como uma empresa similar melhorou drasticamente sua eficiência usando seu software. Finalmente, no estágio de **Decisão**, você poderia oferecer um webinar interativo onde os clientes em potencial podem ver o software em ação e fazer perguntas, reforçando sua confiança na decisão de compra.

Com uma compreensão clara de como adaptar suas narrativas para diferentes estágios do funil de vendas, você está preparado para atender de maneira mais eficaz às necessidades de seus clientes em cada ponto de sua jornada. O próximo capítulo, "**EVITANDO ARMADILHAS COMUNS NO STORYTELLING**", focará em identificar e evitar erros comuns que podem comprometer a eficácia de suas histórias. Este conhecimento será vital para garantir que suas narrativas sejam não apenas atraentes, mas também eficazes em alcançar seus objetivos de vendas.

EVITANDO ARMADILHAS COMUNS NO STORYTELLING

Embora o storytelling seja uma ferramenta poderosa nas vendas, existem armadilhas comuns que podem diminuir sua eficácia ou mesmo afastar seu público. Este capítulo vai explorar esses erros frequentes e oferecer estratégias para evitá-los, assegurando que suas histórias sejam envolventes e eficazes.

ARMADILHAS COMUNS NO STORYTELLING

1. **Complexidade excessiva:**
   - Histórias que são muito complicadas ou que contêm muitos personagens e subtramas podem confundir o público. Mantenha a narrativa focada e clara.
2. **Falta de relevância:**
   - Cada história deve ter uma mensagem clara e ser diretamente relevante para o seu público-alvo. Evite contar histórias que não se conectem diretamente com as necessidades ou interesses dos seus clientes.
3. **Uso insuficiente de dados:**
   - Falhar em apoiar suas histórias com dados concretos pode fazer com que elas pareçam menos críveis. Integre dados de maneira a fortalecer seus argumentos.
4. **Descuido com o arco emocional:**
   - Negligenciar o desenvolvimento emocional dos personagens ou o impacto emocional da narrativa pode resultar em uma história que falha em envolver o público. As emoções são chave para conectar e persuadir.

5. **Falha na autenticidade:**
    - Histórias que parecem forçadas ou inautênticas podem alienar o público. Certifique-se de que suas histórias sejam autênticas e genuínas.

ESTRATÉGIAS PARA EVITAR ESSAS ARMADILHAS

1. **Simplifique a narrativa**
    - Concentre-se em um único conflito principal e um ou dois personagens. Isso ajuda a manter a história acessível e memorável.
2. **Mantenha a relevância**
    - Antes de desenvolver uma história, faça uma pesquisa detalhada sobre seu público. Use essa informação para criar narrativas que abordem diretamente os problemas ou desejos dos clientes.
3. **Integre dados efetivamente**
    - Use dados para destacar pontos chave da sua história. Visualize esses dados de forma criativa para reforçar a mensagem sem sobrecarregar o público com números.
4. **Desenvolva o arco emocional**
    - Planeje cuidadosamente a jornada emocional dos personagens. Garanta que as emoções evoluam de forma natural e que haja um clímax emocional impactante.
5. **Foque na autenticidade**
    - Use histórias baseadas em experiências reais sempre que possível. Quando criar ficção,

assegure-se de que ela reflita verdades sobre a experiência humana e ressoe de maneira verdadeira com seu público.

EXEMPLO PRÁTICO

Imagine que você está vendendo um aplicativo de bem-estar. Uma história complexa sobre múltiplos usuários pode ser confusa, então foque em um único personagem, como uma mulher trabalhando em casa e tentando manter um equilíbrio saudável entre vida pessoal e profissional. Mostre como o aplicativo ajudou na sua organização diária e bem-estar geral, usando dados sobre a melhoria de sua produtividade e saúde. Essa abordagem simples, porém emotiva e fundamentada em dados reais, evita as armadilhas comuns e torna a história poderosa e persuasiva.

Agora que você conhece as armadilhas comuns no storytelling e como evitá-las, você está bem equipado para criar narrativas mais claras, relevantes e eficazes. No próximo capítulo, "**MEDINDO O IMPACTO DO STORYTELLING**", exploraremos como você pode avaliar a eficácia de suas histórias, garantindo que elas não apenas envolvam, mas também convertam. Prepare-se para aprender a usar ferramentas e técnicas que irão ajudá-lo a quantificar o sucesso das suas narrativas.

MEDINDO O IMPACTO DO STORYTELLING

Depois de desenvolver e aprimorar suas narrativas para evitar as armadilhas comuns, é crucial avaliar a eficácia de seu storytelling. Este capítulo se concentra em como medir o impacto de suas histórias, utilizando ferramentas e técnicas que fornecem insights valiosos sobre o desempenho e a recepção de suas narrativas.

A IMPORTÂNCIA DE MEDIR O IMPACTO

Medir o impacto do storytelling não apenas valida a eficácia de suas estratégias, mas também fornece dados essenciais para ajustar e melhorar suas futuras narrativas. Compreender o que ressoa com seu público pode ajudar a otimizar o engajamento, a conversão e a fidelidade à marca.

BENEFÍCIOS DA AVALIAÇÃO DE IMPACTO

1. **Feedback direto:** Permite entender como o público percebe e reage às suas histórias.
2. **Otimização de recursos:** Ajuda a alocar recursos de marketing de maneira mais eficiente, concentrando esforços em técnicas que comprovadamente funcionam.
3. **Melhoria contínua:** Fornece informações para aperfeiçoar continuamente suas narrativas e técnicas de engajamento.

FERRAMENTAS E TÉCNICAS PARA MEDIR O IMPACTO

1. Análise de engajamento

- **Métricas digitais:** Use ferramentas de análise web e de redes sociais para medir o engajamento, como visualizações de página, tempo de permanência, compartilhamentos, curtidas e comentários.
- **Pesquisas e feedback:** Realize pesquisas de satisfação e colete feedback direto para entender como sua história foi recebida pelo público.

2. **Conversões**
- **Rastreamento de conversões:** Configure rastreamentos para ver quantos espectadores das suas histórias tomam a ação desejada, seja ela fazer uma compra, inscrever-se para um boletim informativo ou baixar um recurso.
- **Testes A/B:** Teste diferentes versões de uma história para ver qual delas gera mais conversões ou engajamento.

3. **Retenção e recorrência**
- **Taxas de retenção de clientes:** Monitore quão bem suas histórias ajudam na retenção de clientes. Histórias eficazes podem aumentar a lealdade do cliente.
- **Repetição de compra:** Avalie se clientes expostos às suas histórias são mais propensos a comprar novamente ou a atualizar produtos.

EXEMPLO PRÁTICO

Suponha que você está promovendo um curso online com várias histórias incorporadas em sua campanha de marketing. Use análise de engajamento para rastrear quais histórias geram mais inscrições. Realize testes A/B com diferentes narrativas no seu website para determinar qual versão motiva mais usuários a completarem a compra. Finalmente, analise as taxas de conclusão do curso e feedback dos alunos para ajustar as histórias em futuras campanhas.

Com as ferramentas e técnicas para medir o impacto do storytelling em mãos, você está melhor equipado para refinar suas estratégias de marketing e comunicação. No próximo capítulo, "**HISTÓRIAS QUE ESCALAM**", exploraremos como criar narrativas que podem ser facilmente escaladas e adaptadas para diversos contextos e públicos, maximizando assim sua utilidade e alcance. Esteja preparado para ampliar o impacto de suas histórias em toda a sua organização e além.

HISTÓRIAS QUE ESCALAM

À medida que sua marca cresce e atinge novos mercados e públicos, é vital que suas histórias possam ser adaptadas e escaladas para manter sua eficácia. Este capítulo discute como criar narrativas flexíveis que podem ser facilmente expandidas e customizadas para diferentes contextos, sem perder seu impacto e relevância.

A NECESSIDADE DE ESCALAR HISTÓRIAS

Narrativas que podem ser escaladas são essenciais para marcas que visam crescimento em longo prazo. Essas histórias devem manter sua essência e apelo em diversos mercados, culturas e demografias, adaptando-se a necessidades e expectativas variadas.

VANTAGENS DAS HISTÓRIAS ESCALÁVEIS

1. **Coesão de marca:** Mantém uma mensagem consistente em todos os pontos de contato, independentemente da região ou do canal.
2. **Eficiência:** Reduz a necessidade de criar novas histórias do zero para cada novo mercado ou campanha.
3. **Flexibilidade:** Permite ajustes rápidos em resposta a mudanças no mercado ou feedback do público.

Como Criar Histórias Escaláveis

1. **Construa com blocos modulares**
   - Desenvolva suas histórias com componentes que possam ser facilmente ajustados ou

substituídos para atender diferentes públicos ou contextos culturais sem alterar a mensagem central.

2. Foque em temas universais
- Escolha temas e arquétipos que ressoem universalmente, como superação de desafios, jornadas de transformação, ou relações familiares, garantindo que sua história toque audiências globais.

3. Utilize arquétipos flexíveis
- Implemente personagens e plots que possam ser facilmente adaptados para diferentes culturas ou situações, mantendo a autenticidade e a relevância local.

4. Planeje para diferentes mídias
- Crie narrativas que possam ser eficazes em várias plataformas, desde mídias sociais e blogs até anúncios televisivos e rádio, considerando as particularidades de cada formato.

EXEMPLO PRÁTICO

Imagine que você está promovendo uma solução tecnológica global de saúde. A história central pode focar em um arquétipo de "herói" que supera desafios de saúde com a ajuda de sua tecnologia. Para cada novo mercado, esse "herói" pode ser adaptado para refletir heróis locais ou figuras inspiradoras, e os desafios de saúde podem ser específicos para as doenças mais prevalentes naquela região. A história é a mesma, mas com nuances que refletem o contexto local.

Agora que você compreende a importância de criar histórias escaláveis e tem as ferramentas para fazê-lo, o próximo capítulo, "**A ÉTICA DO STORYTELLING**", explorará como manter a integridade e a ética enquanto conta histórias em um contexto comercial. Este conhecimento é crucial para garantir que suas narrativas não apenas vendam, mas também promovam valores positivos e construam confiança duradoura com seu público.

A ÉTICA DO STORYTELLING

À medida que você explora o poder do storytelling para impulsionar vendas e engajar públicos, é fundamental abordar as práticas éticas que sustentam uma comunicação responsável e respeitosa. Este capítulo foca na ética do storytelling no contexto comercial, garantindo que suas narrativas promovam não apenas produtos, mas também valores éticos e transparência.

A IMPORTÂNCIA DA ÉTICA NO STORYTELLING

O storytelling pode ser uma ferramenta poderosa, mas seu impacto depende significativamente de como é usado. Práticas éticas asseguram que as histórias não manipulem falsamente, enganem ou prejudiquem o público. Isso é essencial para manter a confiança e a credibilidade da marca a longo prazo.

PRINCÍPIOS ÉTICOS FUNDAMENTAIS

1. **Honestidade:** Seja sempre verdadeiro nas histórias que conta. Evite exagerar ou distorcer fatos para tornar a narrativa mais atraente.
2. **Respeito pela diversidade:** Certifique-se de que suas histórias respeitem a diversidade cultural e pessoal, evitando estereótipos e representações prejudiciais.
3. **Transparência:** Seja claro sobre suas intenções e sobre o que sua marca representa, especialmente em campanhas que usam emoções para influenciar decisões de compra.

4. **Responsabilidade:** Reconheça o impacto de suas histórias e esteja preparado para lidar com as consequências, boas ou ruins.

COMO IMPLEMENTAR PRÁTICAS ÉTICAS DE STORYTELLING

1. Verifique os fatos
- Sempre confira os fatos nas suas histórias, especialmente se incluírem dados ou testemunhos. Assegure-se de que todas as informações sejam precisas e verificáveis.

2. Considere o impacto social
- Pense em como suas histórias podem afetar o bem-estar emocional e social do seu público. Evite usar medo, vergonha ou culpa como táticas para persuadir.

3. Promova inclusão
- Use suas histórias para promover inclusão e entendimento entre diferentes grupos. Certifique-se de que diferentes vozes e perspectivas sejam representadas de maneira justa e equilibrada.

4. Mantenha a integridade na persuasão
- Embora o objetivo do storytelling em vendas seja persuadir, é importante que essa persuasão não se baseie em enganos ou omissões. Mantenha a integridade ao argumentar a favor do seu produto ou serviço.

EXEMPLO PRÁTICO

Suponha que sua empresa venda suplementos alimentares. Ao contar a história de um cliente que melhorou sua saúde usando seus produtos, é crucial que essa história seja verdadeira e verificável, sem exagerar nos benefícios para torná-la mais vendável. Além disso, deve-se garantir que qualquer afirmação sobre os efeitos do suplemento seja respaldada por pesquisas científicas apropriadas.

Ao adotar uma abordagem ética ao storytelling, você constrói uma base sólida de confiança e respeito com seu público. O próximo capítulo, **"INCORPORANDO FEEDBACK"**, explorará como você pode usar o feedback dos clientes para refinar e melhorar suas histórias, garantindo que elas sejam não apenas eficazes, mas também alinhadas com as expectativas e necessidades do seu público. Prepare-se para aprender como aprimorar continuamente suas práticas de storytelling através de uma escuta ativa e engajada.

INCORPORANDO FEEDBACK

Após entender a importância da ética no storytelling, é crucial reconhecer o valor do feedback dos clientes para aprimorar e adaptar suas narrativas. Este capítulo explora como você pode utilizar o feedback para refinar suas histórias, garantindo que elas continuem ressoando com seu público e sejam cada vez mais eficazes.

A IMPORTÂNCIA DO FEEDBACK NO PROCESSO DE STORYTELLING

Feedback é uma ferramenta essencial para qualquer estratégia de comunicação. Ele não apenas fornece insights sobre o que está funcionando, mas também aponta áreas que precisam de melhoria. Incorporar feedback de maneira eficaz pode transformar suas histórias, tornando-as mais alinhadas com as necessidades e expectativas do seu público.

BENEFÍCIOS DE INCORPORAR FEEDBACK

1. **Melhoria contínua:** Feedback permite que você ajuste suas histórias com base nas reações do público, melhorando sua relevância e impacto.
2. **Aumento de engajamento:** Histórias que são moldadas com base nas preferências do público tendem a gerar maior engajamento e fidelidade à marca.
3. **Adaptação a mudanças:** O feedback pode ajudar a identificar mudanças nas tendências de mercado e preferências dos consumidores, permitindo que

você adapte suas histórias para se manter atualizado.

COMO COLETAR E UTILIZAR FEEDBACK

1. **Métodos de coleta de feedback**
   - **Pesquisas e questionários:** Regularmente, envie pesquisas para entender como suas histórias estão sendo recebidas.
   - **Comentários nas redes sociais:** Monitore as redes sociais para coletar reações e comentários espontâneos sobre suas narrativas.
   - **Análise de dados de engajamento:** Utilize dados de engajamento e interações para inferir quais aspectos das suas histórias estão mais ou menos eficazes.
2. **Analisando feedback**
   - **Identifique padrões e tendências:** Procure padrões ou temas comuns nos feedbacks recebidos para entender os elementos mais e menos apreciados em suas histórias.
   - **Priorize o feedback baseado em impacto:** Concentre-se em feedbacks que tenham o potencial de impactar significativamente o desempenho das suas narrativas.
3. **Implementando mudanças**
   - **Faça ajustes incrementais:** Baseado no feedback, faça ajustes pontuais nas histórias existentes antes de reestruturá-las completamente.

- **Teste alterações:** Antes de finalizar qualquer mudança significativa, teste-as em um segmento do seu público para medir a reação.

EXEMPLO PRÁTICO

Imagine que você está promovendo uma série de vídeos de storytelling sobre sustentabilidade em uma linha de produtos. Após analisar os comentários e realizar uma pesquisa de satisfação, você percebe que os clientes estão particularmente interessados em histórias que mostram o impacto real dos produtos no meio ambiente. Com essa informação, você decide focar mais nesses aspectos nas futuras histórias, reforçando os dados com estudos de caso reais e testemunhos de impacto ambiental positivo.

Incorporar feedback é apenas uma parte de um ciclo contínuo de aprimoramento em storytelling. No próximo capítulo, "**STORYTELLING EM NEGOCIAÇÕES**", exploraremos como aplicar técnicas de storytelling para melhorar suas habilidades de negociação. Prepare-se para aprender a usar histórias de maneira estratégica em contextos de negociação, maximizando suas chances de sucesso em acordos comerciais.

STORYTELLING EM NEGOCIAÇÕES

Depois de entender como incorporar feedback para melhorar suas histórias, vamos explorar o uso do storytelling em um contexto crucial: negociações. Neste capítulo, você aprenderá como aplicar técnicas de storytelling para melhorar suas habilidades de negociação, transformando interações comuns em oportunidades para estabelecer conexões significativas e alcançar resultados melhores.

A IMPORTÂNCIA DO STORYTELLING EM NEGOCIAÇÕES

Storytelling é uma ferramenta poderosa nas negociações porque permite que você apresente seus argumentos de forma mais persuasiva, crie empatia e compreensão, e faça com que as outras partes vejam as situações sob uma nova perspectiva.

BENEFÍCIOS DO STORYTELLING NAS NEGOCIAÇÕES

1. **Construção de relacionamentos:** Histórias pessoais e relevantes podem ajudar a construir confiança e rapport entre as partes negociadoras.
2. **Persuasão aumentada:** Através de histórias, você pode contextualizar dados e fatos de forma que ressoem mais fortemente com a parte oposta, aumentando a persuasão.
3. **Diferenciação:** Em um ambiente competitivo, ser capaz de contar uma história convincente pode diferenciar sua proposta das demais.

TÉCNICAS DE STORYTELLING EM NEGOCIAÇÕES

1. **Preparação da história**
   - **Conheça seu público:** Antes de uma negociação, pesquise quem são as partes envolvidas e quais podem ser seus interesses e necessidades. Use essas informações para moldar uma história que fale diretamente a esses pontos.
   - **Defina objetivos claros:** Saiba o que você quer alcançar com sua história. Cada elemento deve apoiar seu objetivo final na negociação.
2. **Estrutura da narrativa**
   - **Introdução:** Estabeleça um terreno comum e apresente o contexto da sua proposta.
   - **Desenvolvimento:** Explique como seus produtos ou serviços podem resolver um problema ou melhorar uma situação, utilizando dados e evidências dentro da narrativa.
   - **Conclusão:** Reforce os benefícios e a proposta de valor, fazendo um apelo emocional ou lógico baseado na história contada.
3. **Táticas de engajamento**
   - **Perguntas retóricas:** Use perguntas para envolver a outra parte e fazê-la pensar na situação de maneiras que favoreçam sua posição.
   - **Metáforas e analogias:** Esses elementos podem ajudar a simplificar conceitos complexos e tornar sua mensagem mais acessível e memorável.

EXEMPLO PRÁTICO

Suponha que você está negociando um contrato com um novo cliente potencial para fornecer serviços de TI. Você pode começar contando a história de como sua empresa ajudou um cliente semelhante a superar desafios significativos de segurança cibernética, resultando em menos tempo de inatividade e maior satisfação do cliente. Enfatize como essa experiência pode se traduzir em benefícios concretos para o novo cliente, usando dados de desempenho e testemunhos como parte da narrativa.

Dominar o uso do storytelling em negociações pode abrir portas para melhores acordos e relações comerciais mais fortes. No próximo capítulo, **"TREINAMENTO DE EQUIPE EM STORYTELLING"**, vamos abordar como você pode treinar sua equipe para usar técnicas de storytelling de maneira eficaz em diversas situações de vendas e negociações, garantindo que toda a equipe possa contribuir para o sucesso da empresa com suas próprias histórias. Prepare-se para equipar sua equipe com as habilidades necessárias para elevar seu desempenho geral.

TREINAMENTO DE EQUIPE EM STORYTELLING

Após explorar a aplicação do storytelling em negociações, vamos agora focar em como você pode capacitar sua equipe para usar essa habilidade poderosa. Neste capítulo, discutiremos estratégias para treinar sua equipe em storytelling, garantindo que todos os membros possam efetivamente comunicar e engajar clientes potenciais através de narrativas envolventes.

A IMPORTÂNCIA DO TREINAMENTO EM STORYTELLING

O treinamento em storytelling é crucial para equipes de vendas e marketing, pois melhora a comunicação, aumenta a persuasão e fortalece a conexão com o cliente. Uma equipe bem treinada em storytelling pode diferenciar sua empresa no mercado, apresentando produtos e serviços de uma maneira que ressoa profundamente com o público.

BENEFÍCIOS DO TREINAMENTO EM STORYTELLING

1. **Comunicação aprimorada:** Melhora a habilidade dos membros da equipe em comunicar valor de forma clara e envolvente.
2. **Engajamento do cliente:** Histórias bem contadas aumentam o engajamento e a retenção do cliente.
3. **Coerência de marca:** Um treinamento consistente assegura que todas as comunicações da equipe se alinhem com a mensagem e valores da marca.

ESTRATÉGIAS PARA TREINAR SUA EQUIPE

1. **Workshops e seminários**
   - Organize sessões regulares de treinamento conduzidas por especialistas em storytelling. Esses workshops podem incluir atividades práticas, estudos de caso e simulações para praticar a narração em diferentes cenários de vendas.
2. **Material de treinamento dedicado**
   - Desenvolva materiais de treinamento, como manuais, vídeos e guias de storytelling. Esses recursos devem incluir exemplos de histórias bem-sucedidas, dicas para construir narrativas envolventes e orientações sobre como adaptar histórias para diferentes públicos e plataformas.
3. **Sessões de feedback**
   - Inclua sessões de feedback onde os membros da equipe podem apresentar suas histórias e receber críticas construtivas de colegas e líderes. Isso não só ajuda a refinar suas habilidades, mas também promove a aprendizagem contínua.
4. **Uso de tecnologia**
   - Aproveite ferramentas de tecnologia modernas, como software de apresentação e plataformas de e-learning, para fornecer treinamento interativo e acessível em storytelling.

EXEMPLO PRÁTICO

Imagine que você está liderando uma equipe de vendas em uma empresa de software. Comece por desenvolver um workshop focado em como contar a história da inovação tecnológica da empresa e seu impacto no dia a dia dos clientes. Inclua simulações onde os vendedores devem apresentar essa história a diferentes tipos de clientes, seguindo-se de uma análise e feedback em grupo sobre as técnicas usadas.

Com sua equipe agora capacitada em storytelling, o próximo capítulo, "**A JORNADA DO HERÓI EM VENDAS**", vai explorar como adaptar o modelo clássico da Jornada do Herói para criar uma estrutura de storytelling ainda mais poderosa. Este conhecimento adicional ajudará sua equipe a construir narrativas que não apenas vendem, mas que também criam uma experiência memorável e transformadora para o cliente.

A JORNADA DO HERÓI EM VENDAS

Após preparar sua equipe com as habilidades necessárias de storytelling, vamos explorar como aplicar a estrutura clássica da Jornada do Herói para enriquecer ainda mais suas narrativas de vendas. Este capítulo discutirá como você pode adaptar essa poderosa estrutura narrativa para conectar-se profundamente com seus clientes, guiando-os em uma jornada transformadora que não apenas envolve, mas também motiva a ação.

ENTENDENDO A JORNADA DO HERÓI

A Jornada do Herói, ou Monomito, é uma estrutura narrativa popularizada por Joseph Campbell. Ela descreve a aventura típica de um herói que sai de seu mundo comum, enfrenta desafios e provações, alcança uma vitória decisiva e retorna transformado. Adaptar essa jornada para vendas pode ajudar a moldar a forma como seus produtos ou serviços são percebidos, tornando-os parte integral da jornada do cliente.

COMPONENTES DA JORNADA DO HERÓI

1. **O chamado à aventura:** O momento em que o cliente percebe uma necessidade ou desejo.
2. **A recusa do chamado:** As hesitações ou objeções iniciais do cliente.
3. **Encontro com o Mentor:** A introdução do seu produto/serviço como um guia ou solução.
4. **Superação de desafios:** Demonstração de como seu produto/serviço ajuda o cliente a superar obstáculos.

5. **A recompensa:** Os benefícios tangíveis que o cliente obtém ao escolher sua oferta.
6. **O retorno transformado:** Como o uso do produto/serviço transforma a vida do cliente.

APLICANDO A JORNADA DO HERÓI EM VENDAS

1. Personalize a jornada para seu público
- Adapte os elementos da Jornada do Herói para refletir as experiências e desafios específicos de seus clientes. Use dados de mercado e feedback para entender suas motivações e barreiras.

2. Crie narrativas envolventes
- Desenvolva histórias que façam seus clientes se verem como heróis em suas próprias jornadas. Posicione seu produto ou serviço como o "mentor" que oferece as ferramentas necessárias para sua vitória.

3. Utilize diversos formatos de conteúdo
- Expresse a Jornada do Herói através de diferentes formatos, como vídeos, infográficos, e blogs, para atingir o cliente em vários pontos de contato.

EXEMPLO PRÁTICO

Suponha que você está comercializando um novo sistema de fitness. A história pode começar com um cliente típico sentindo-se insatisfeito com sua saúde e forma física—o chamado à aventura. A recusa do chamado pode ser sua relutância em tentar novas soluções devido a falhas passadas. A apresentação do seu produto como um mentor pode vir na forma de um treinador virtual incorporado ao sistema, oferecendo orientação e motivação. Os desafios podem ser os obstáculos de dieta e exercício que o cliente supera usando o produto, levando à recompensa de melhor saúde e bem-estar, culminando no retorno transformado do cliente, agora mais saudável e ativo.

Com a Jornada do Herói claramente integrada em suas estratégias de vendas, você está pronto para capturar a imaginação e fidelizar seus clientes de maneira profunda e significativa. No próximo capítulo, **"FUTURO DO STORYTELLING EM VENDAS"**, exploraremos as tendências emergentes no uso de storytelling em vendas e marketing, preparando-o para as evoluções futuras nesse campo dinâmico. Esteja pronto para adaptar e inovar com as mudanças que virão.

FUTURO DO STORYTELLING EM VENDAS

Ao incorporar a estrutura da Jornada do Herói em suas estratégias de vendas, você já está preparado para conectar profundamente com seus clientes. Agora, vamos explorar as tendências emergentes no uso de storytelling em vendas e marketing, para que você possa se antecipar e adaptar às mudanças futuras neste campo dinâmico.

TENDÊNCIAS EMERGENTES NO STORYTELLING

À medida que a tecnologia evolui e o comportamento do consumidor muda, o storytelling em vendas também se transforma. Aqui estão algumas tendências que estão moldando o futuro deste campo:

1. **Realidade aumentada e virtual:** A tecnologia de realidade aumentada (RA) e realidade virtual (RV) está se tornando mais acessível, permitindo que as marcas criem experiências de storytelling imersivas e interativas que transcendem os métodos tradicionais.
2. **Personalização em massa:** Com o avanço da inteligência artificial e análise de dados, as empresas podem criar narrativas altamente personalizadas que se adaptam em tempo real às preferências e comportamentos do usuário.
3. **Storytelling visual e multimídia:** A crescente preferência por conteúdo visual e multimídia está levando as marcas a repensar como apresentam suas histórias, utilizando vídeos, infográficos, podcasts e outros formatos para engajar de maneira mais eficaz.

4. **Sustentabilidade e responsabilidade social:** Os consumidores estão cada vez mais interessados em marcas que não só vendem produtos, mas que também contam histórias que refletem compromissos com sustentabilidade e responsabilidade social.

PREPARANDO-SE PARA O FUTURO

1. **Invista em tecnologia**
   - Mantenha-se atualizado com as novas tecnologias e considere como integrá-las em suas estratégias de storytelling. Por exemplo, explore como a RA pode ser usada para mostrar aos clientes como um produto pode caber em sua vida.
2. **Aprofunde a personalização**
   - Use dados para entender melhor seus clientes e refine suas histórias para atender às suas necessidades específicas. Considere ferramentas que permitam personalizar conteúdos em grande escala.
3. **Fortaleça narrativas visuais**
   - Desenvolva habilidades em criar e gerenciar conteúdo visual e multimídia. Considere parcerias com criadores visuais e técnicos multimídia para enriquecer suas capacidades de storytelling.
4. **Enfatize valores**
   - Certifique-se de que suas histórias comuniquem claramente os valores da sua marca,

especialmente em relação à sustentabilidade e ética social. Isso não apenas reforça a reputação da marca, mas também ressoa com consumidores conscientes.

EXEMPLO PRÁTICO

Imagine que sua empresa lança um novo produto de tecnologia verde. Você pode usar VR para criar uma experiência onde os consumidores "vejam" o impacto ambiental positivo de usar seu produto através de uma simulação interativa. Complemente isso com uma campanha de storytelling visual que mostra dados reais de impacto ambiental coletados de usuários existentes.

Com um entendimento das tendências futuras em storytelling, você está bem equipado para manter suas estratégias de vendas na vanguarda. O próximo e último capítulo, "**CRIANDO UM LEGADO DE HISTÓRIAS**", irá refletir sobre como continuar desenvolvendo e narrando histórias que deixam uma impressão duradoura e fortalecem a identidade de sua marca no longo prazo. Prepare-se para levar suas habilidades de storytelling para o próximo nível e criar um legado que transcenda vendas e construa verdadeiras conexões.

CRIANDO UM LEGADO DE HISTÓRIAS

À medida que chegamos ao final deste livro, é essencial refletir sobre como as histórias que você conta podem criar um legado duradouro, reforçando não apenas as vendas, mas também a identidade e os valores da sua marca. Este capítulo final irá ajudá-lo a entender como continuar desenvolvendo e aprimorando suas habilidades de storytelling para deixar uma marca indelével no seu público e construir uma conexão duradoura.

O PODER DE UM LEGADO NARRATIVO

Um legado de histórias não se constrói apenas com narrativas isoladas, mas com uma tapeçaria de narrativas que juntas expressam a essência da sua marca. Este legado se torna parte da cultura da sua empresa e influencia como clientes, parceiros e até mesmo funcionários percebem e interagem com sua marca.

COMPONENTES DE UM LEGADO DE HISTÓRIAS

1. **Consistência:** Mantenha uma voz e um estilo consistentes em todas as suas histórias para reforçar a identidade da marca.
2. **Evolução:** Adapte e desenvolva suas histórias para responder às mudanças no mercado e nas expectativas dos consumidores.
3. **Impacto:** Foque em criar histórias que tenham um impacto emocional ou prático significativo no seu público.

ESTRATÉGIAS PARA CONSTRUIR UM LEGADO DE HISTÓRIAS

1. **Documente suas histórias**
   - Mantenha um arquivo de todas as histórias que a empresa conta, incluindo detalhes sobre como elas foram recebidas pelo público. Isso não apenas ajuda a manter a consistência, mas também serve como um recurso valioso para futuras ideias narrativas.
2. **Treine continuamente**
   - Invista em treinamento contínuo para sua equipe em técnicas de storytelling. À medida que novos funcionários se juntam e outros partem, a capacidade de contar histórias eficazes deve permanecer uma habilidade central dentro da empresa.
3. **Avalie o impacto regularmente**
   - Use métricas para avaliar o impacto das suas histórias regularmente. Isso ajuda a garantir que elas continuem relevantes e eficazes e permite ajustes conforme necessário.
4. **Comprometa-se com a ética**
   - Assegure que suas histórias sempre respeitem os princípios éticos discutidos anteriormente, fortalecendo a confiança do público na sua marca.

EXEMPLO PRÁTICO

Suponha que sua empresa tenha comprometido com práticas sustentáveis. Uma série de histórias que detalham as mudanças implementadas, os desafios enfrentados e os impactos positivos dessas mudanças pode formar a base de um legado narrativo. Complemente isso com depoimentos de funcionários e parceiros, e documente o feedback dos clientes para continuar refinando essa narrativa.

Criar um legado de histórias é um processo contínuo que requer dedicação, criatividade e compromisso com a autenticidade. Ao aplicar as estratégias discutidas ao longo deste livro, você está bem preparado para construir uma narrativa de marca que não só impulsiona as vendas, mas também enriquece a experiência do cliente e fortalece a identidade da sua marca. Continue a explorar, adaptar e narrar histórias que deixarão uma impressão duradoura.

Ao virarmos a última página desta jornada juntos, espero sinceramente que os aprendizados compartilhados aqui tenham tocado seu coração e despertado novas perspectivas. Se este livro lhe trouxe algum valor, peço gentilmente que dedique alguns momentos para deixar sua avaliação na Amazon. Suas palavras não apenas me ajudam a crescer e aprimorar minha arte, mas também guiam outros leitores em suas buscas por conhecimento e inspiração. Sua opinião é um presente valioso, tanto para mim quanto para a comunidade de leitores em busca de histórias que transformam. Agradeço de coração por compartilhar esta jornada comigo e espero que possamos nos encontrar novamente nas páginas de uma nova aventura.

REGINALDO OSNILDO

Olá, sou Reginaldo Osnildo, autor e inovador nas áreas de vendas, tecnologia, e estratégias de comunicação. Minha experiência abrange desde o ambiente acadêmico, como professor e pesquisador na Universidade do Sul de Santa Catarina, até a prática como estrategista no Grupo Catarinense de Rádios. Com um doutorado em narrativas de vendas e convergência digital, e um mestrado em storytelling e imaginário social, eu trago para meus leitores uma fusão única entre teoria e prática. Meu objetivo é fornecer conhecimento em uma linguagem simples, prática e didática, incentivando a aplicação direta na vida pessoal e profissional.

Atenciosamente

Reginaldo Osnildo

www.ingramcontent.com/pod-product-compliance
Lightning Source LLC
Chambersburg PA
CBHW071938210526
45479CB00002B/729